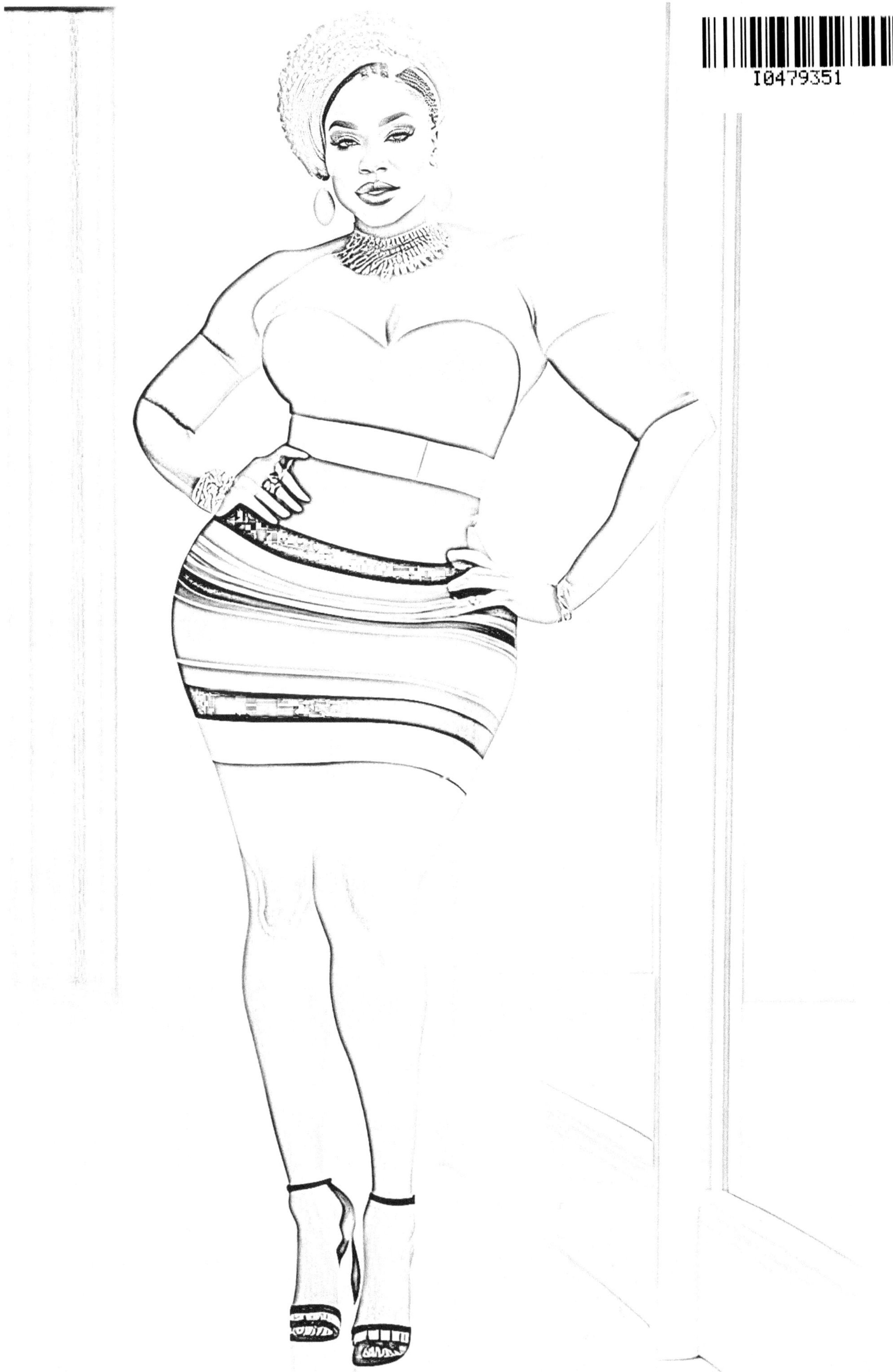

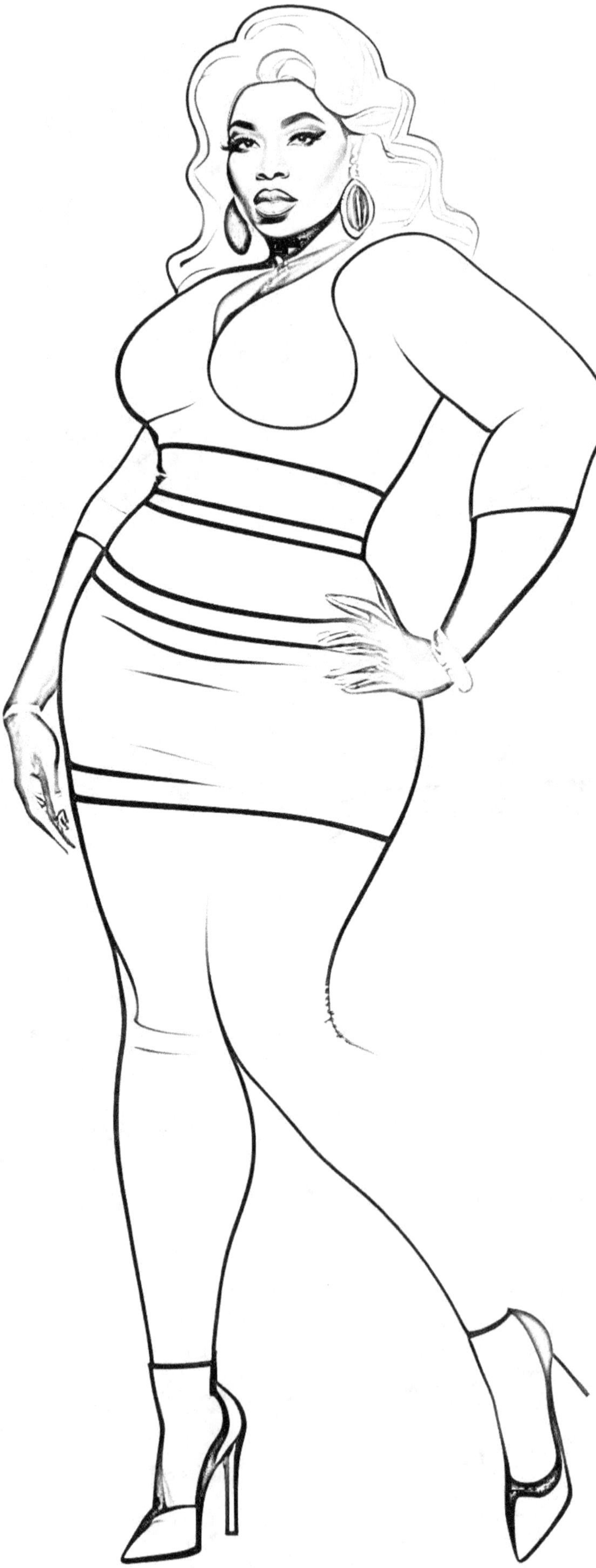

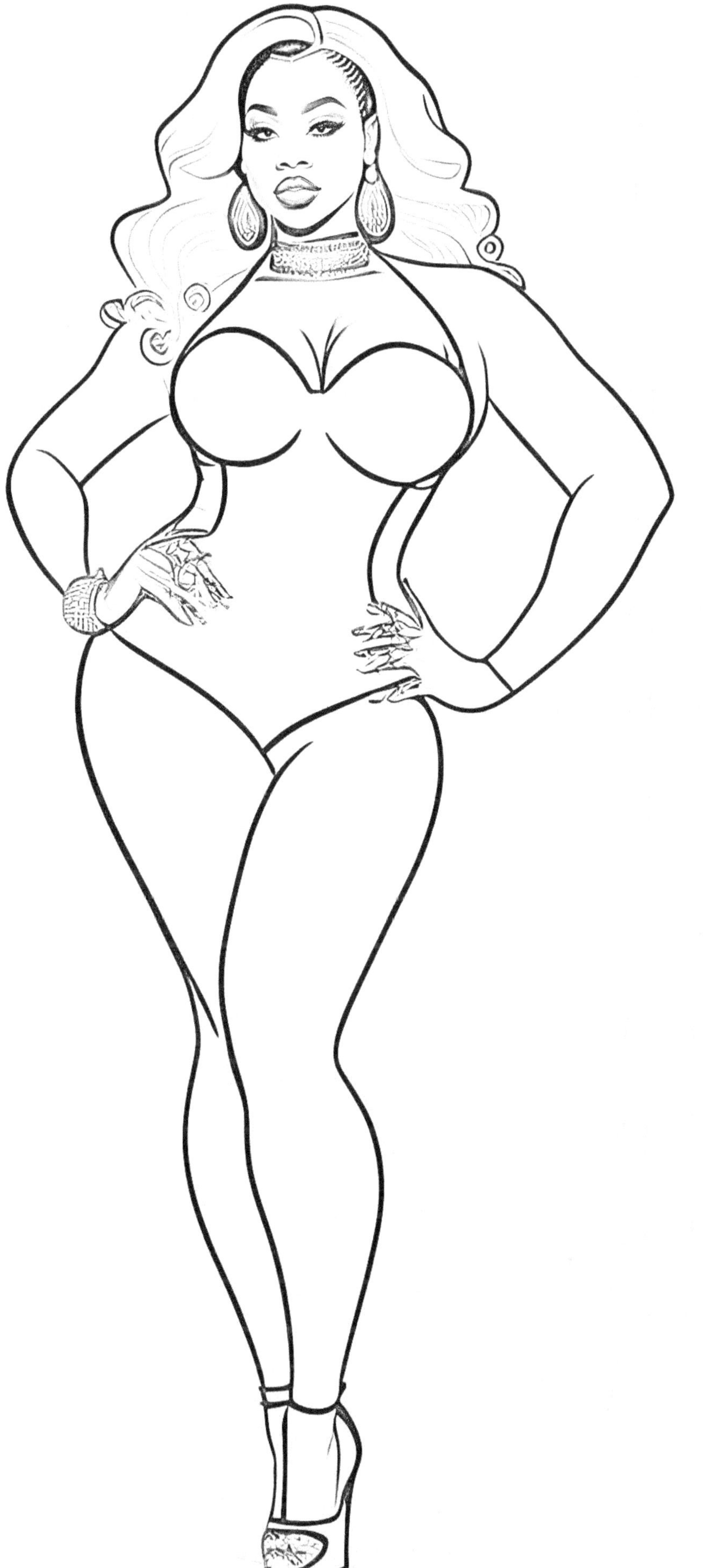

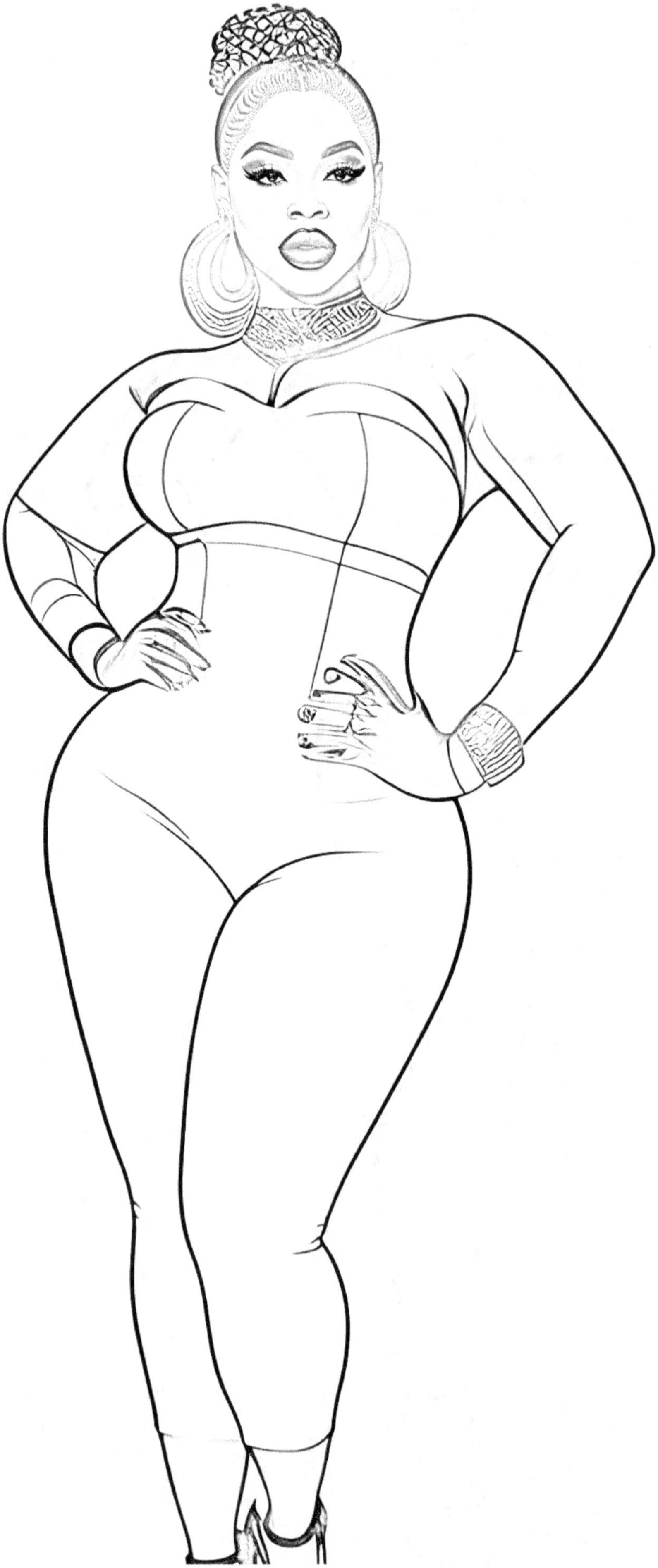

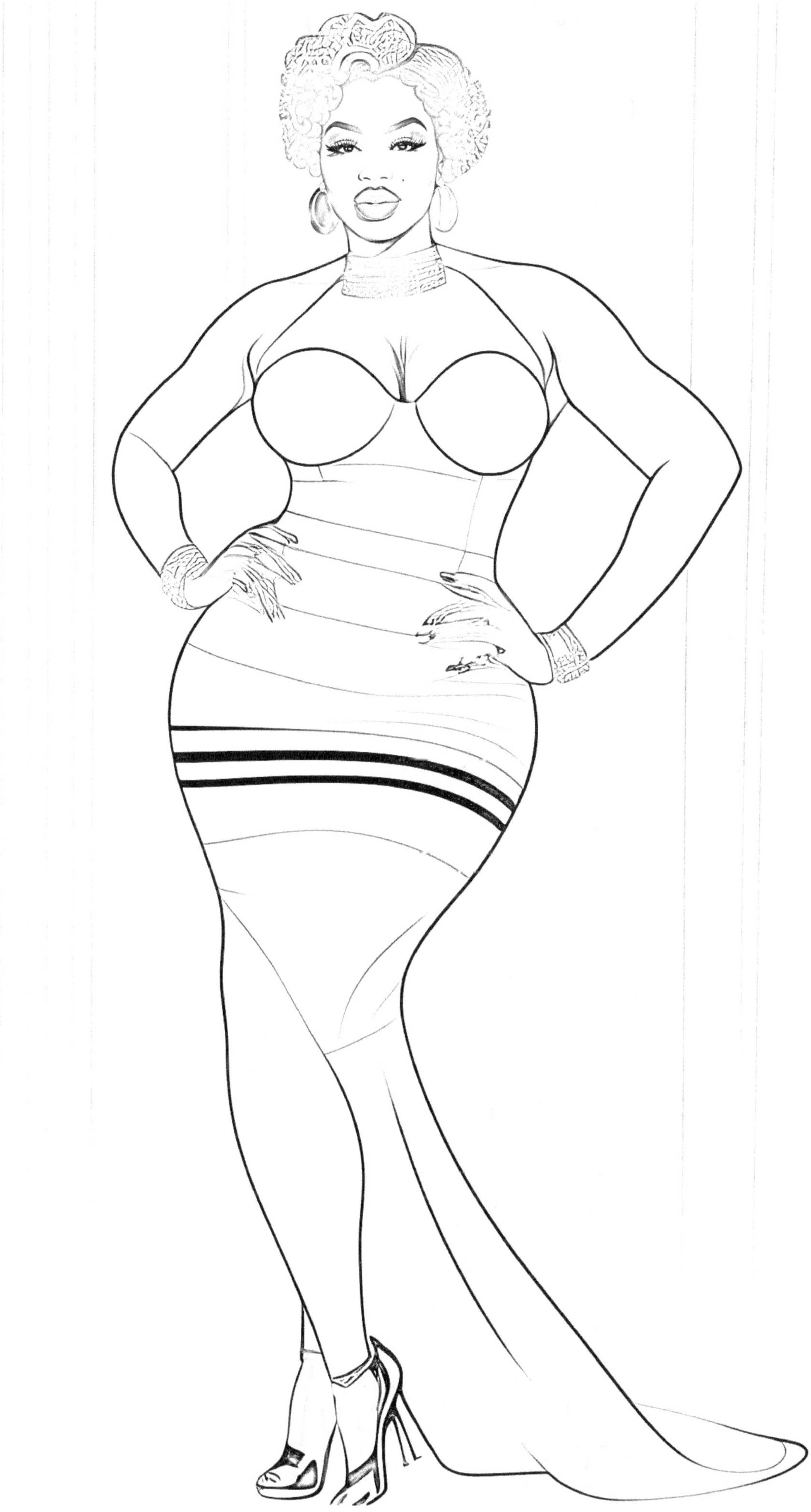

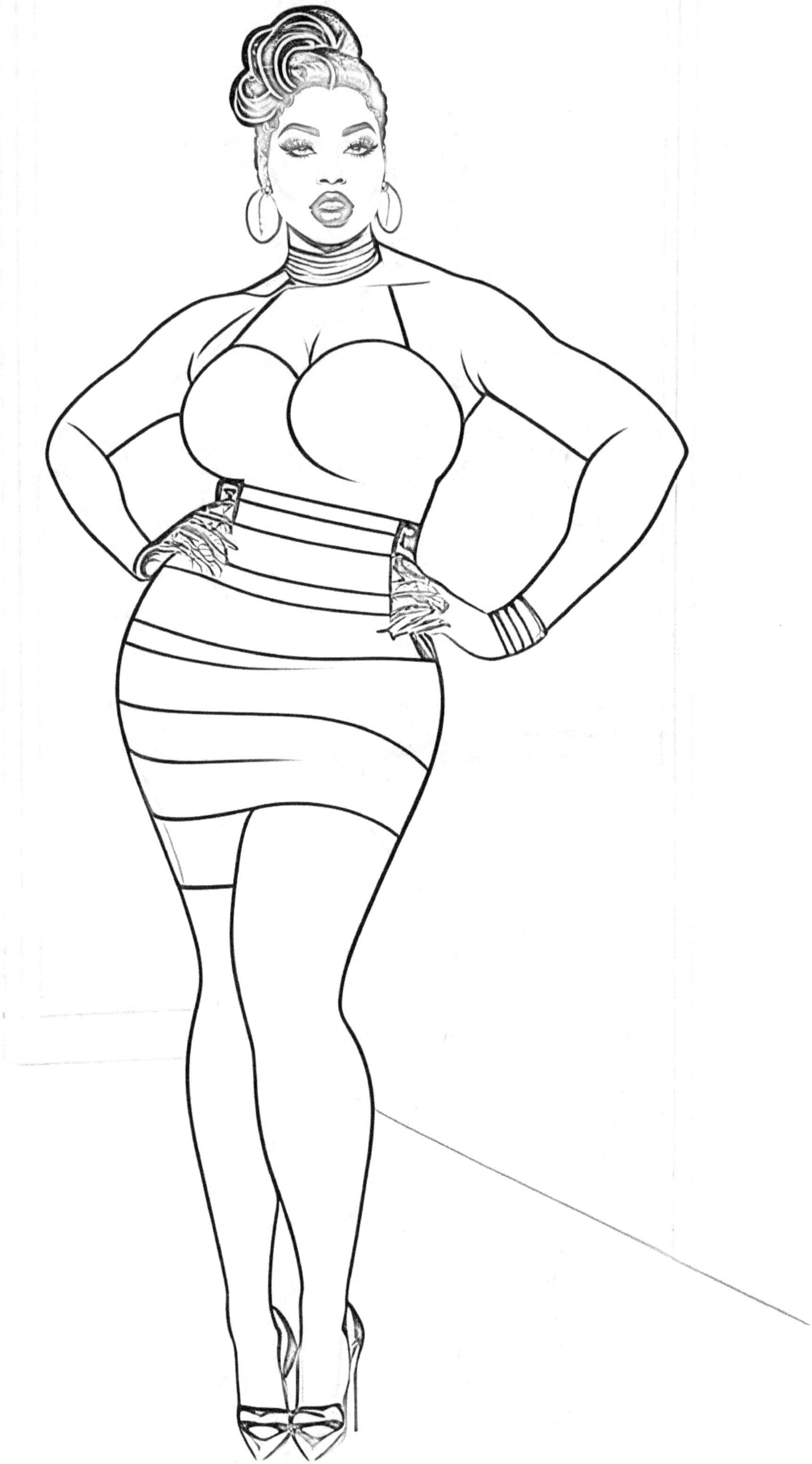

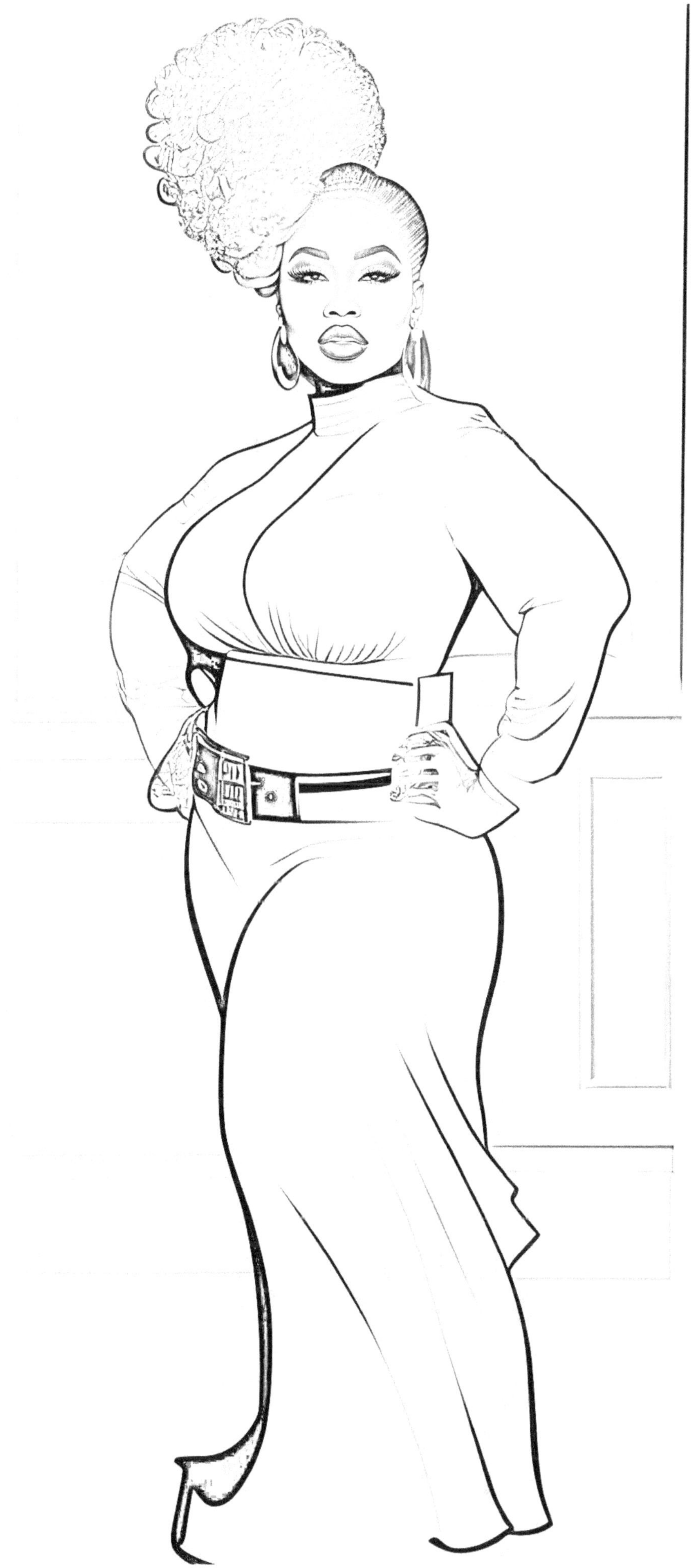

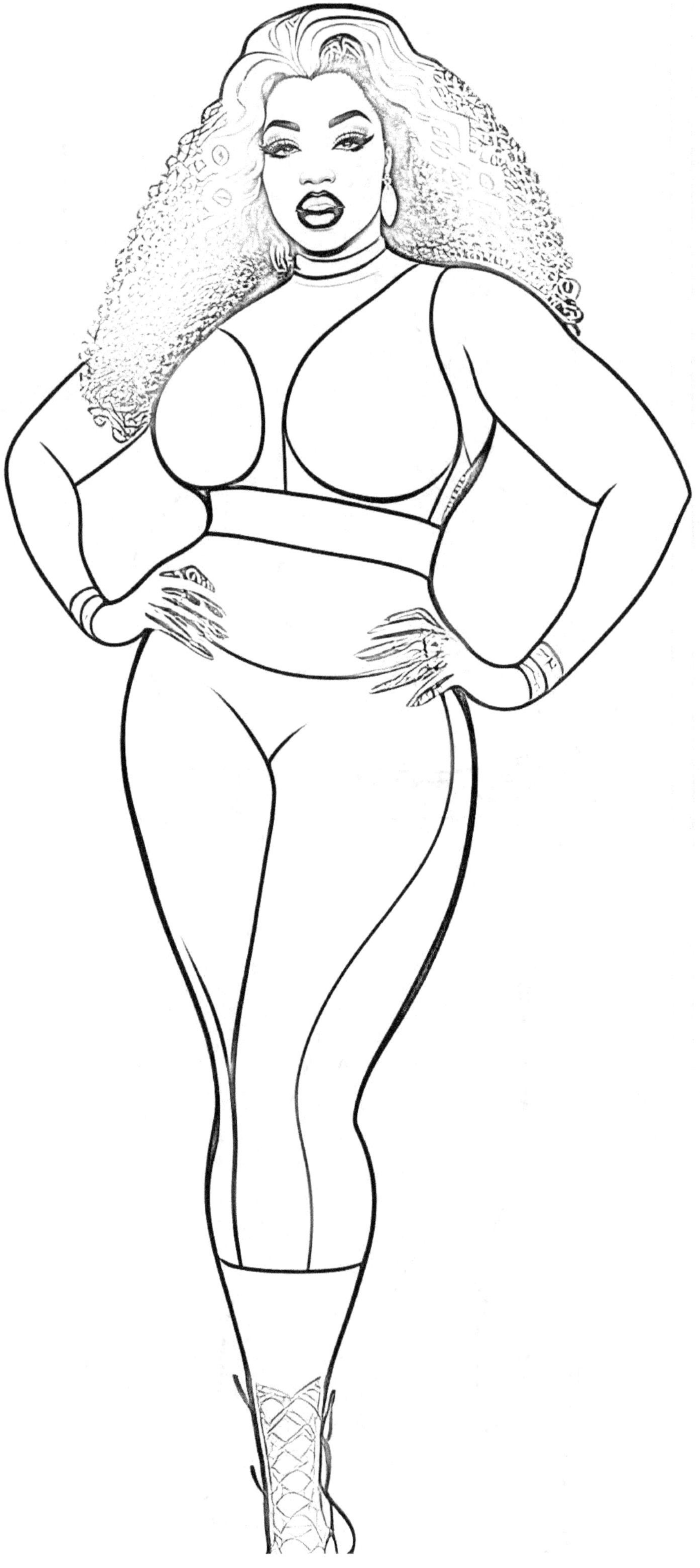

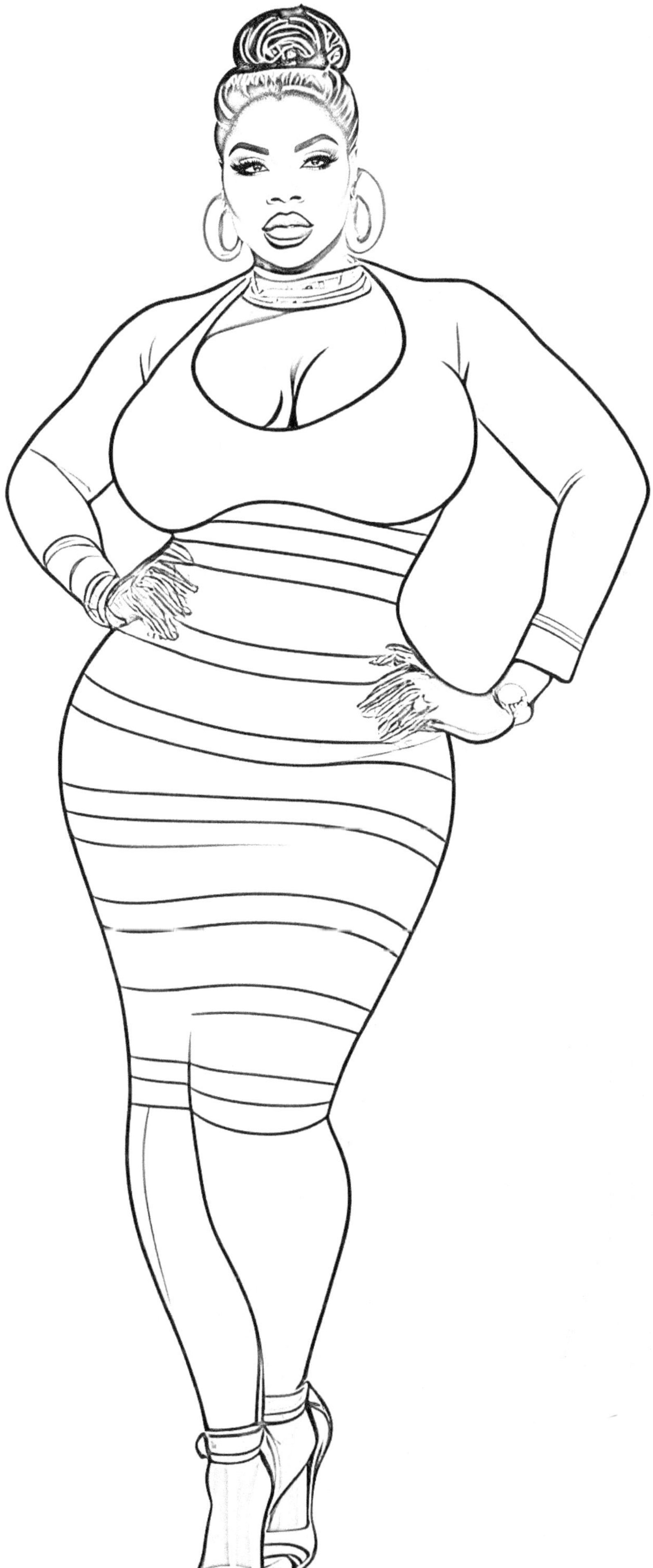

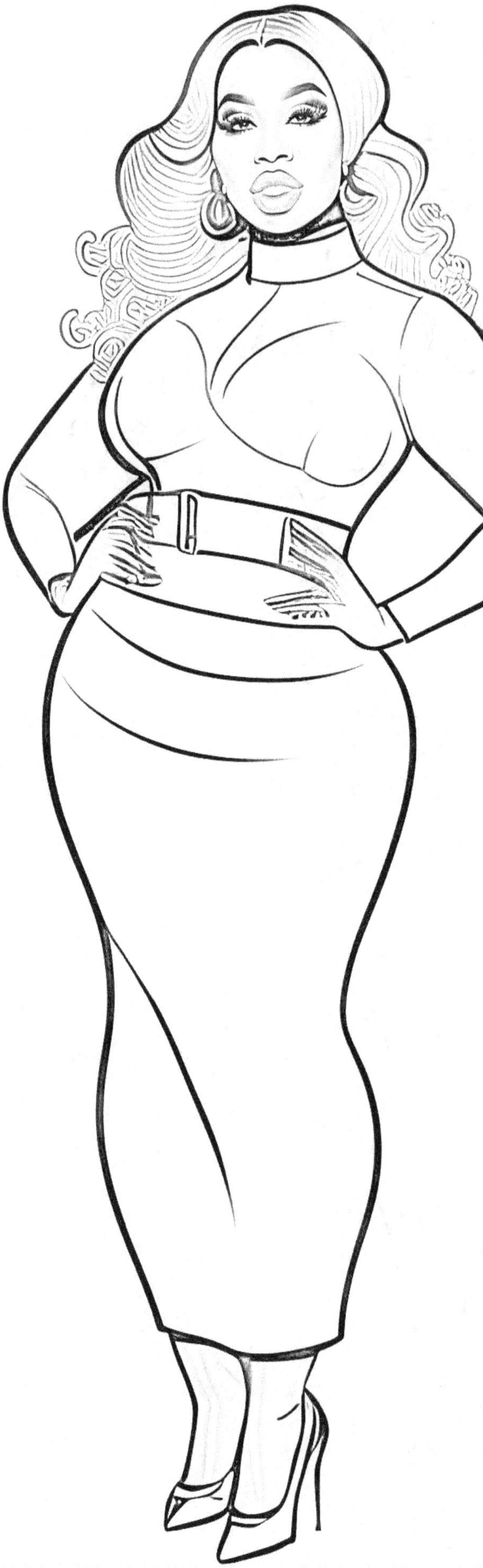

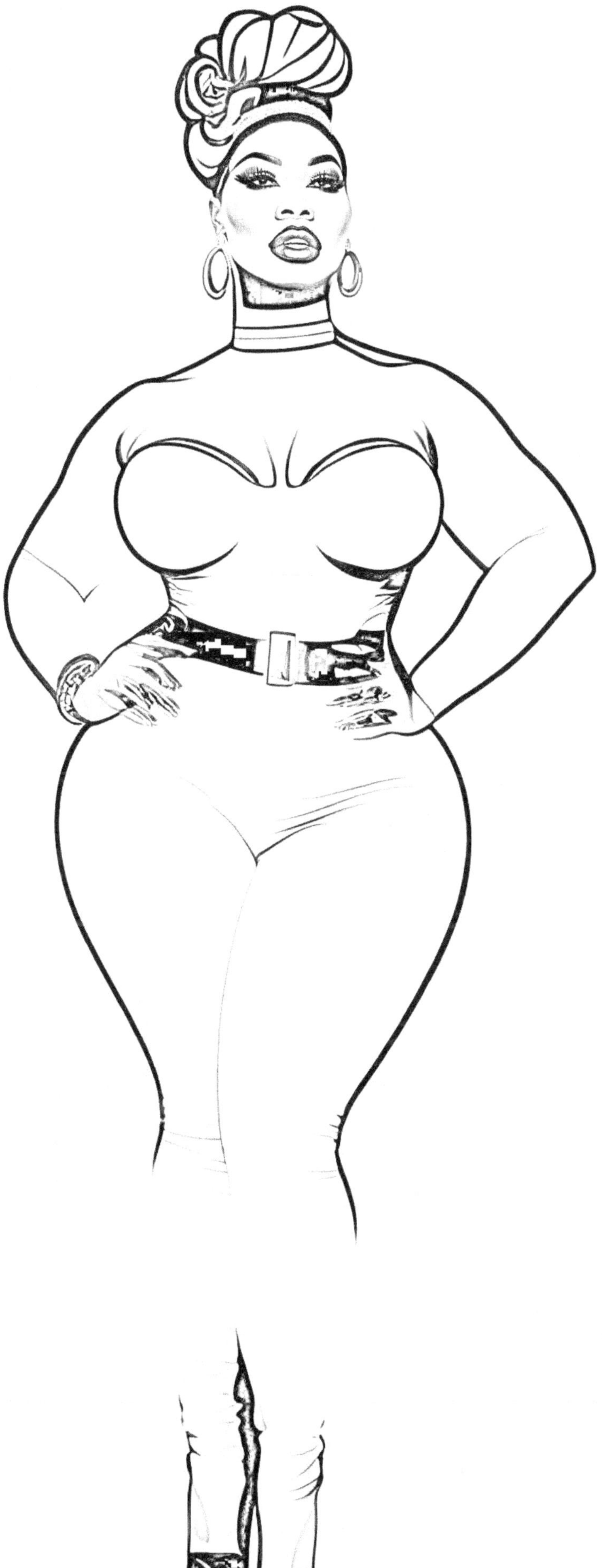

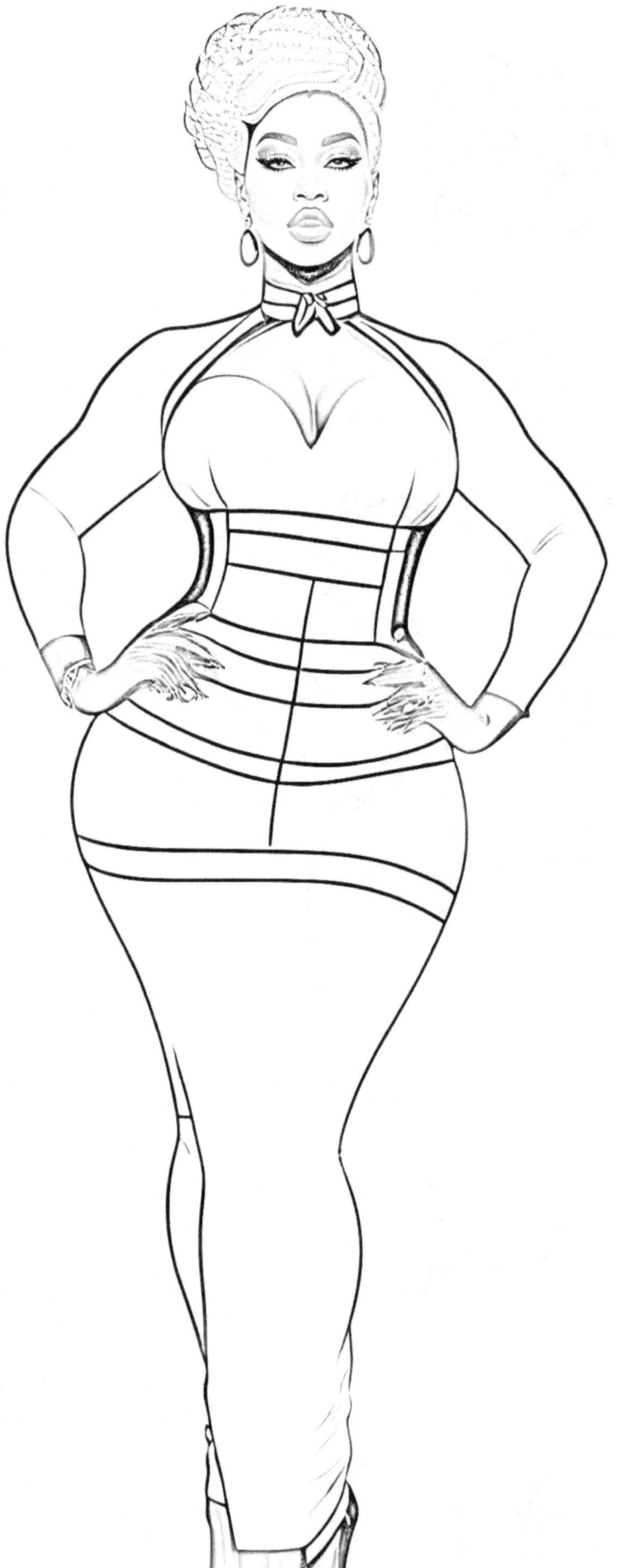

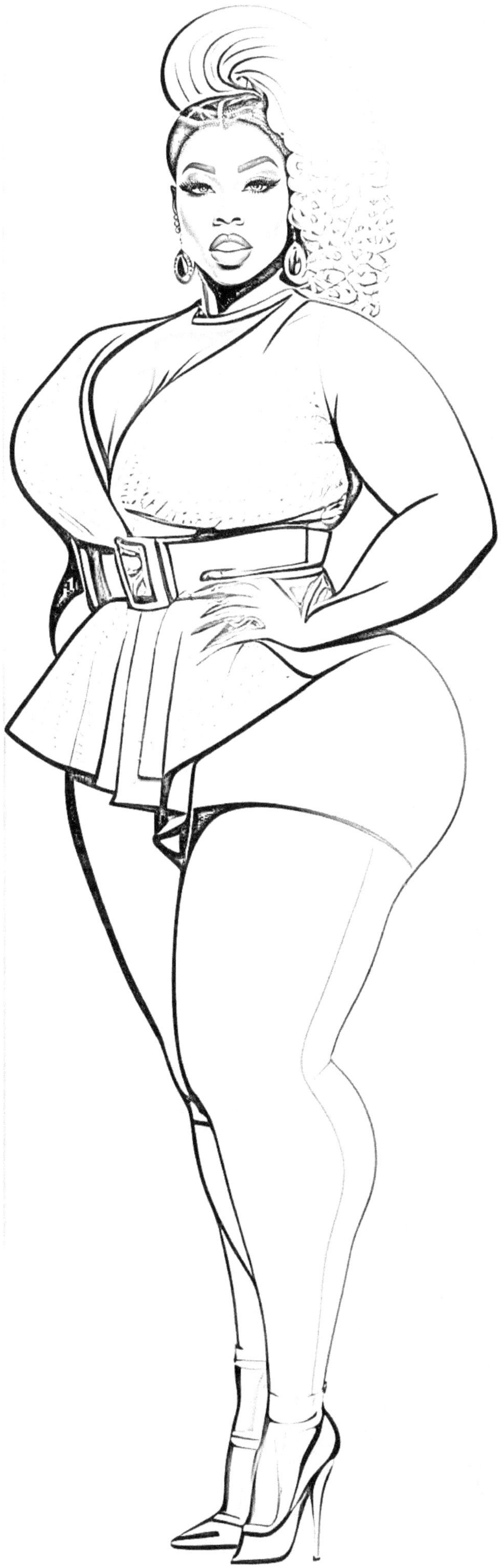

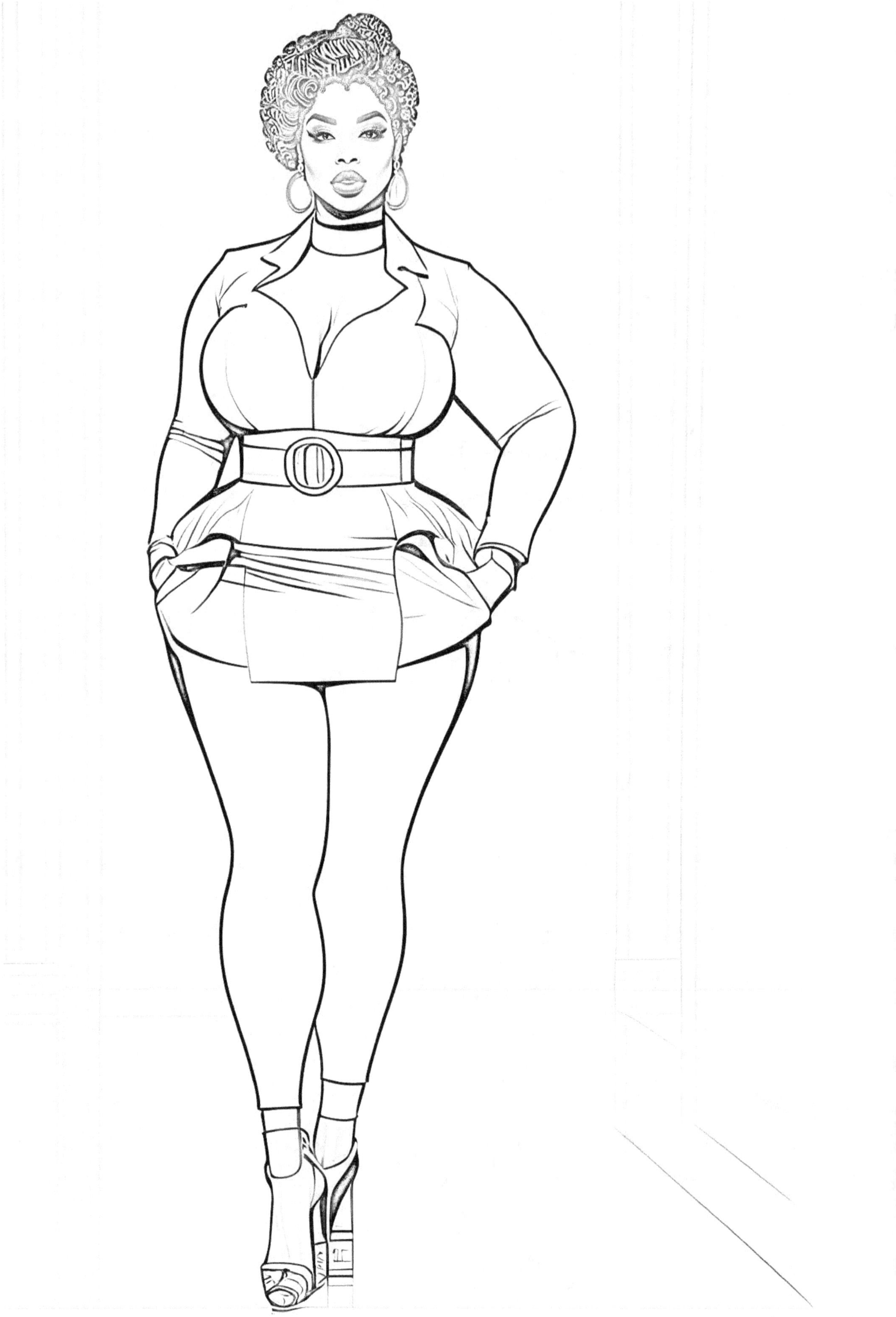

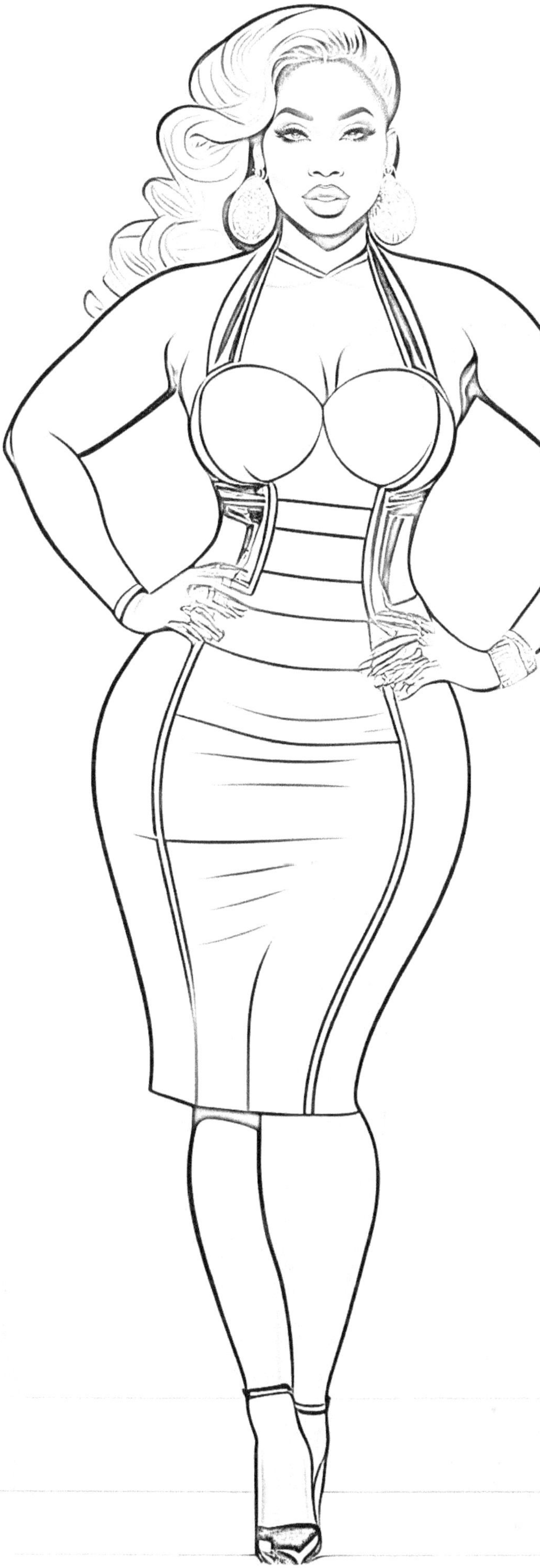

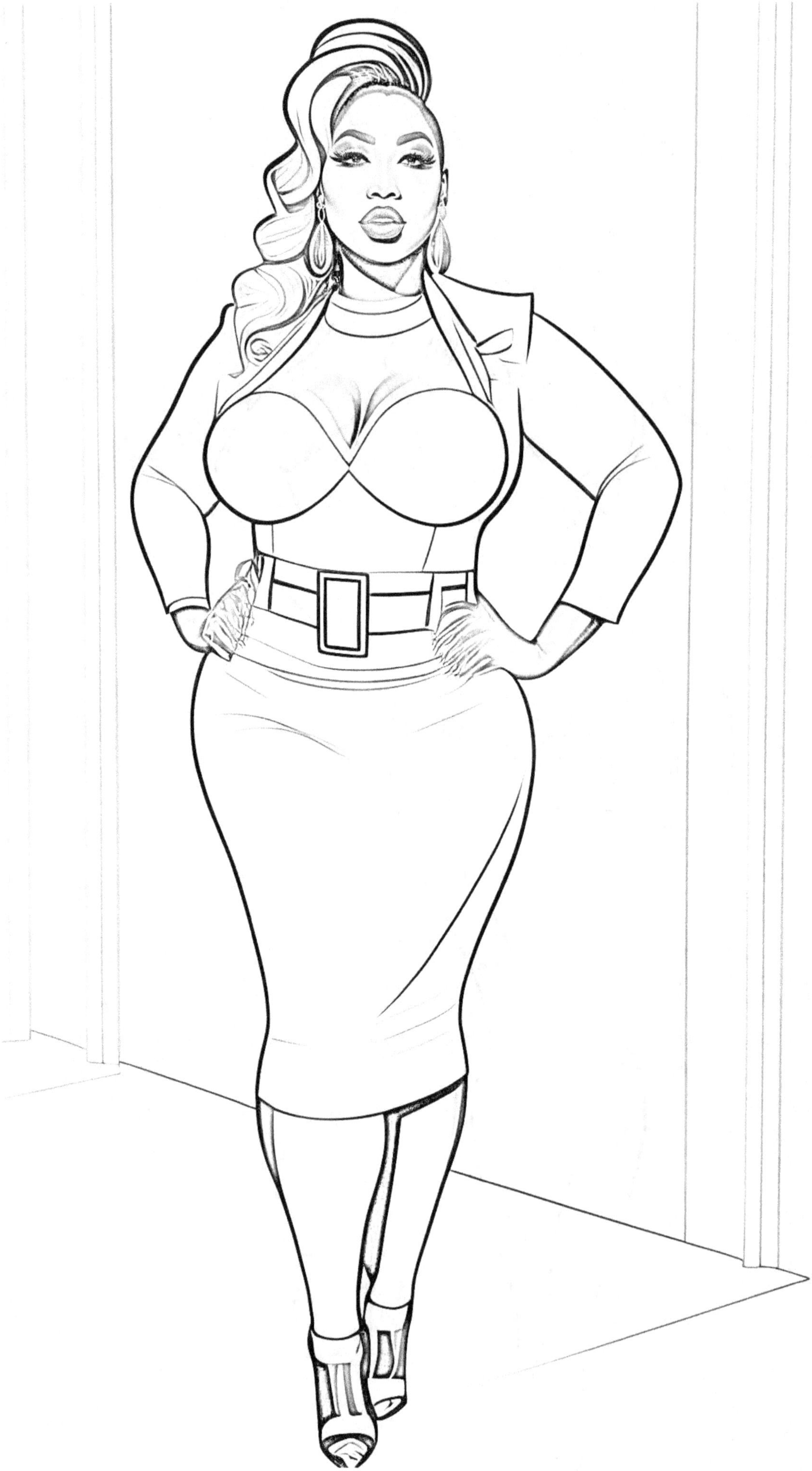

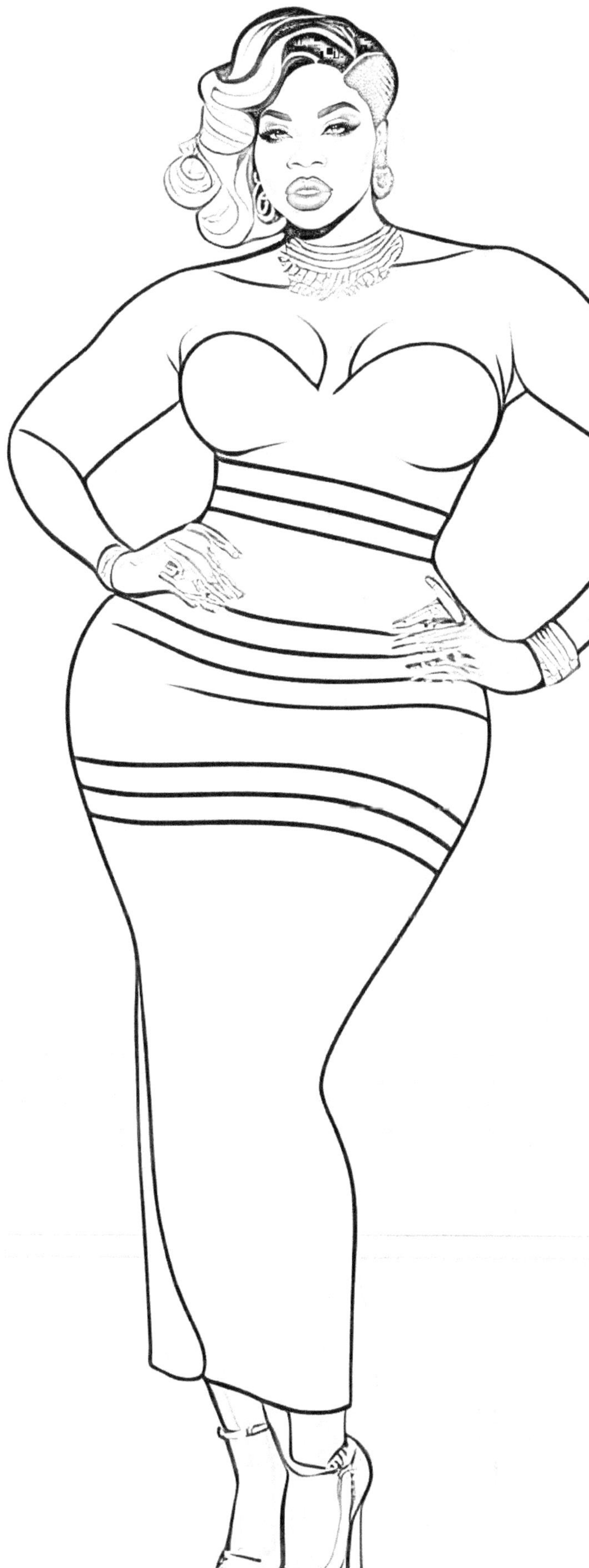

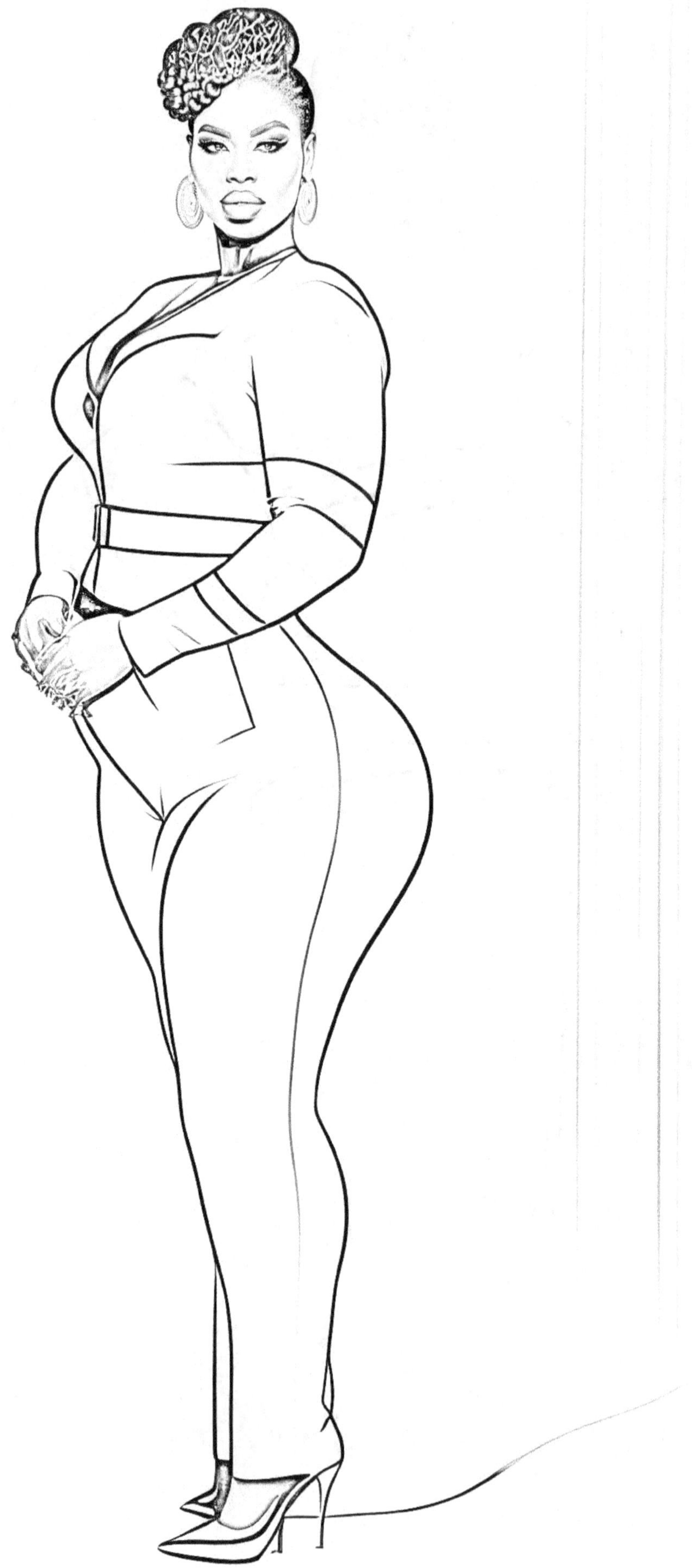

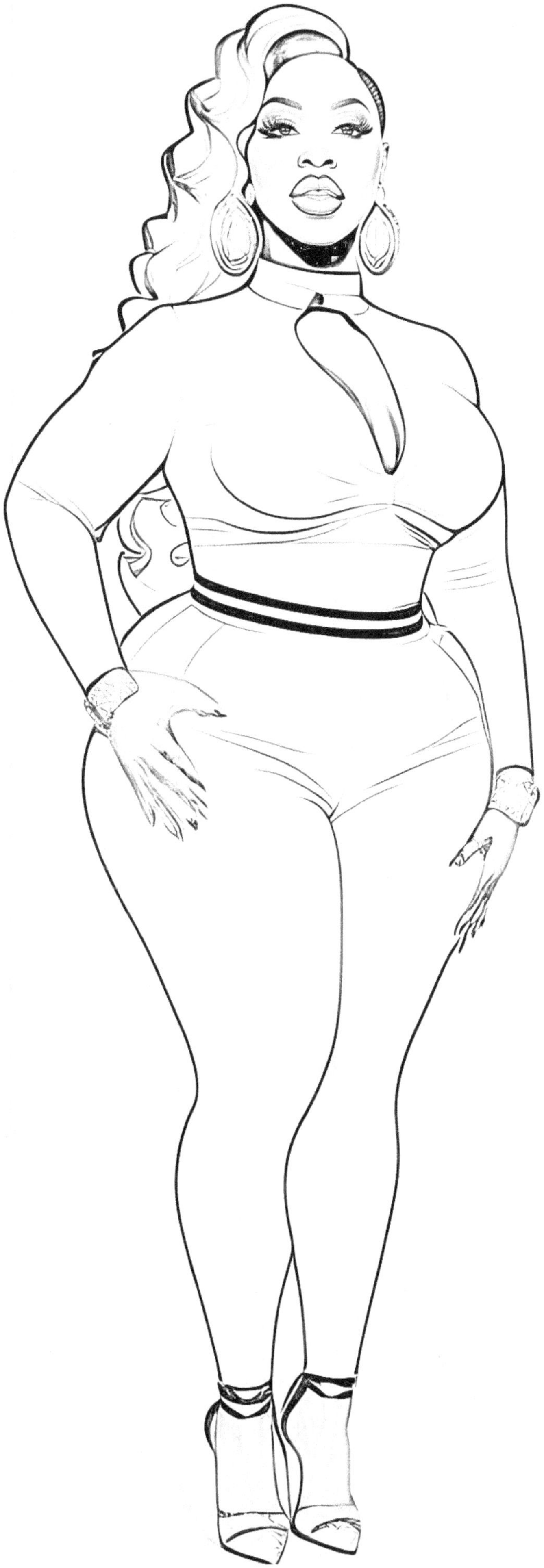

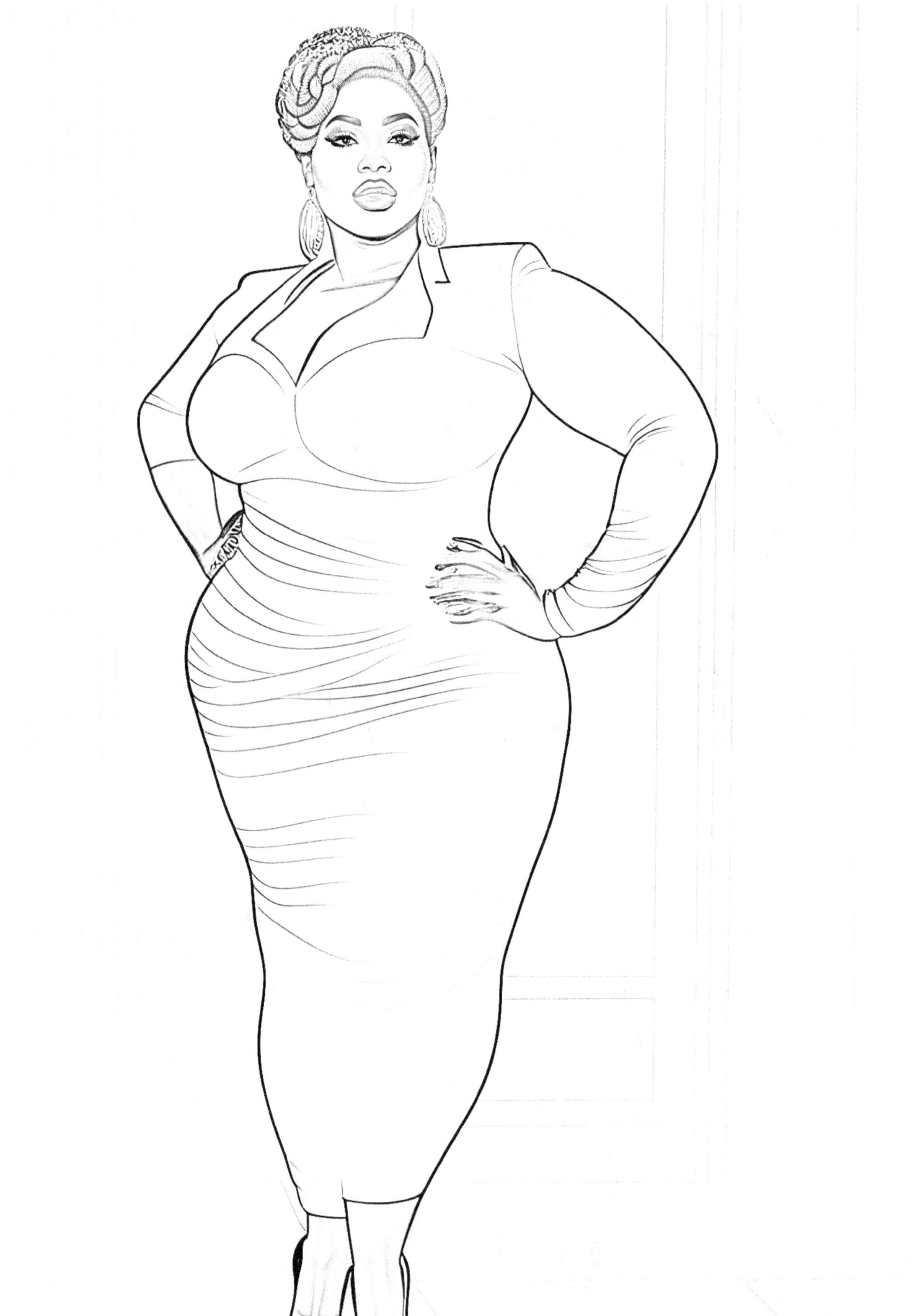

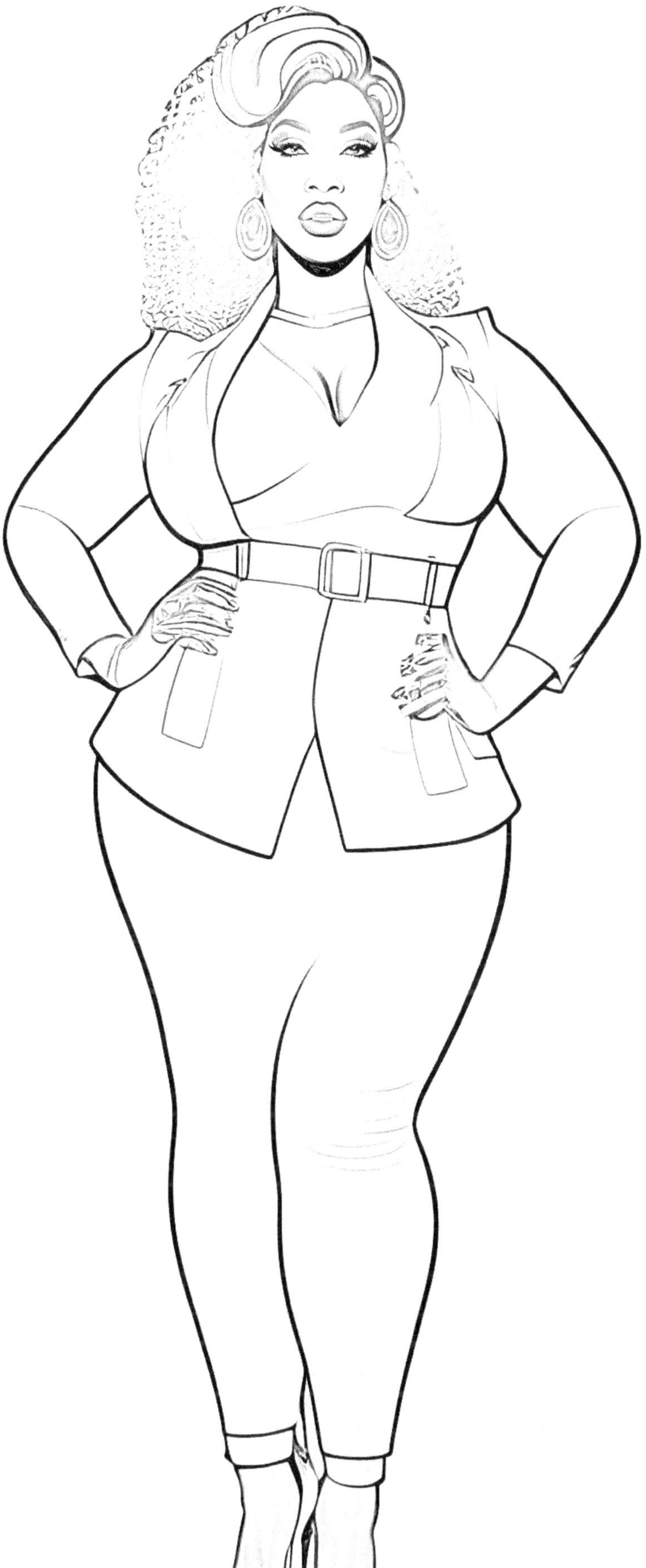

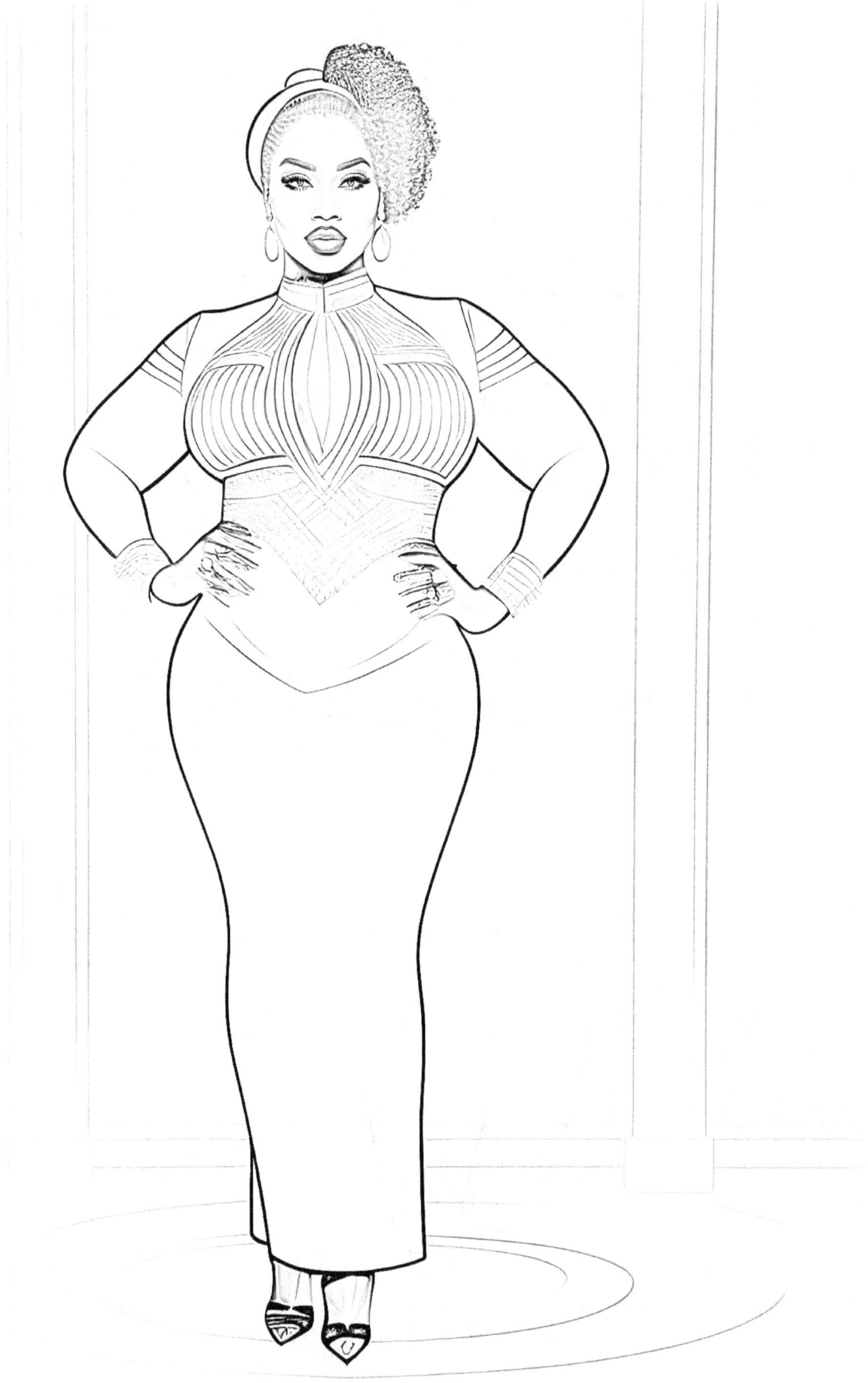

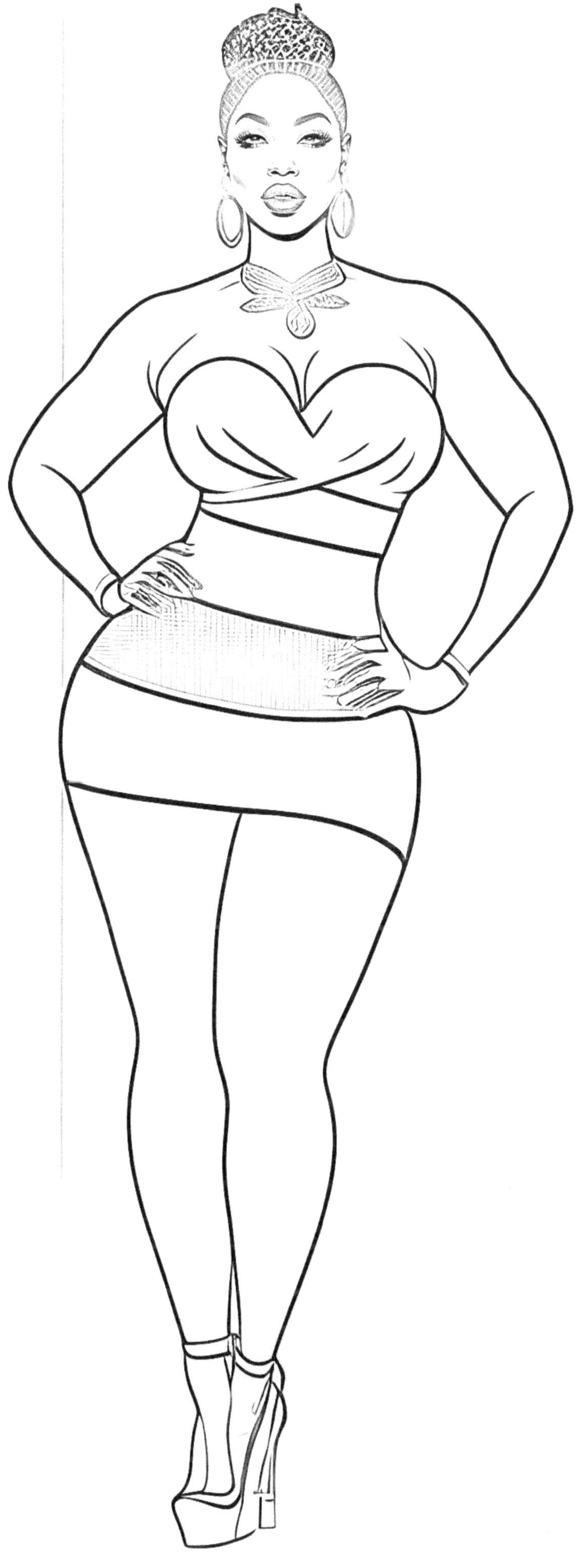

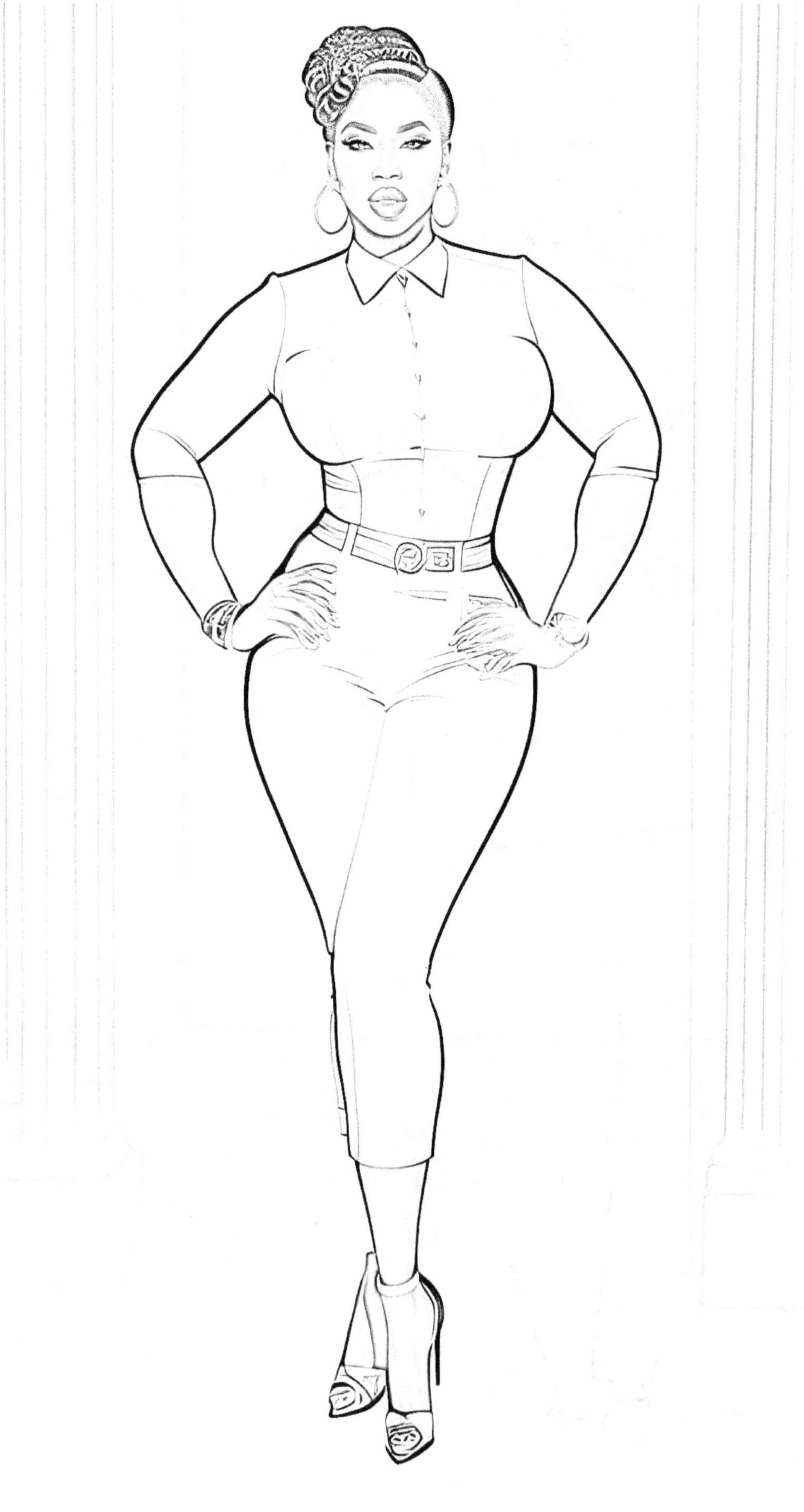

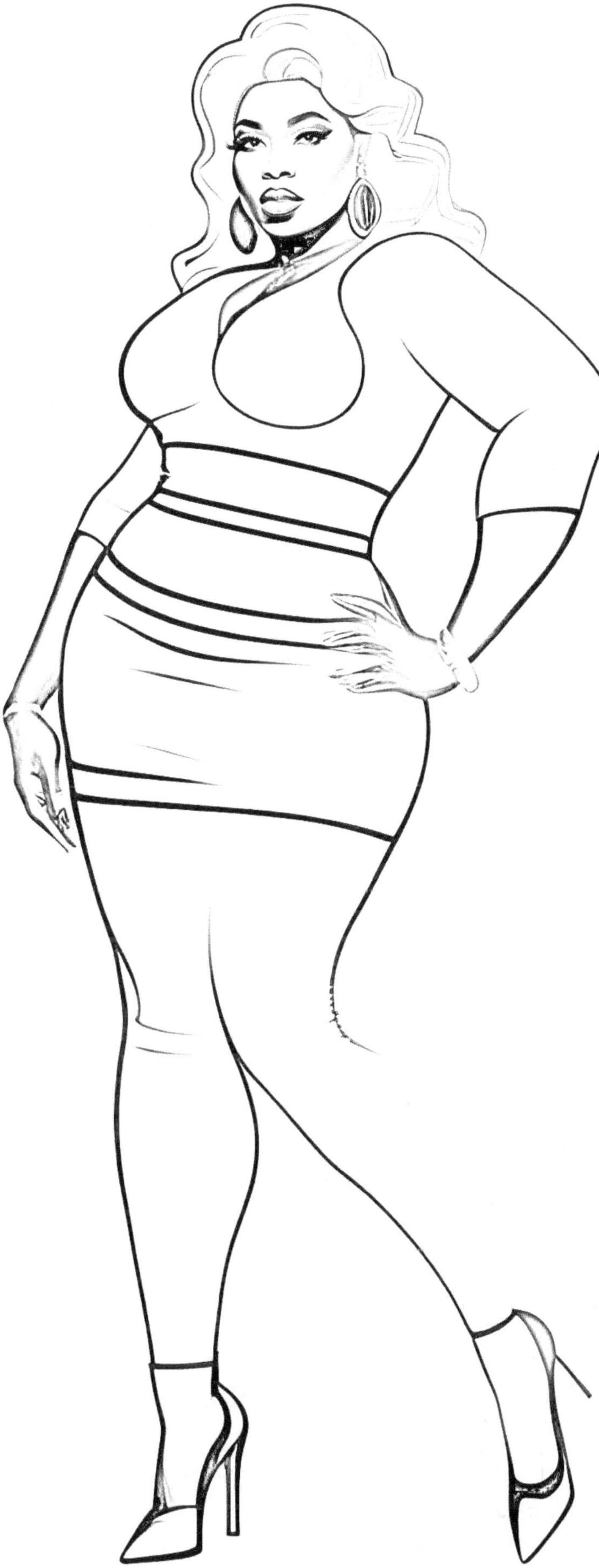

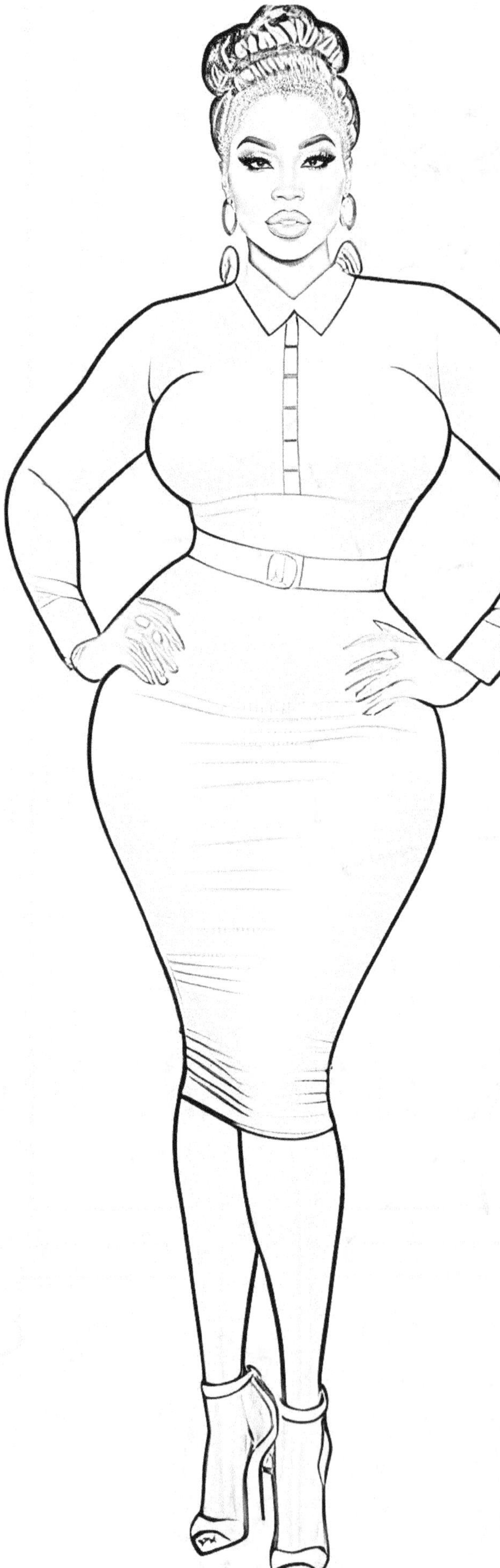

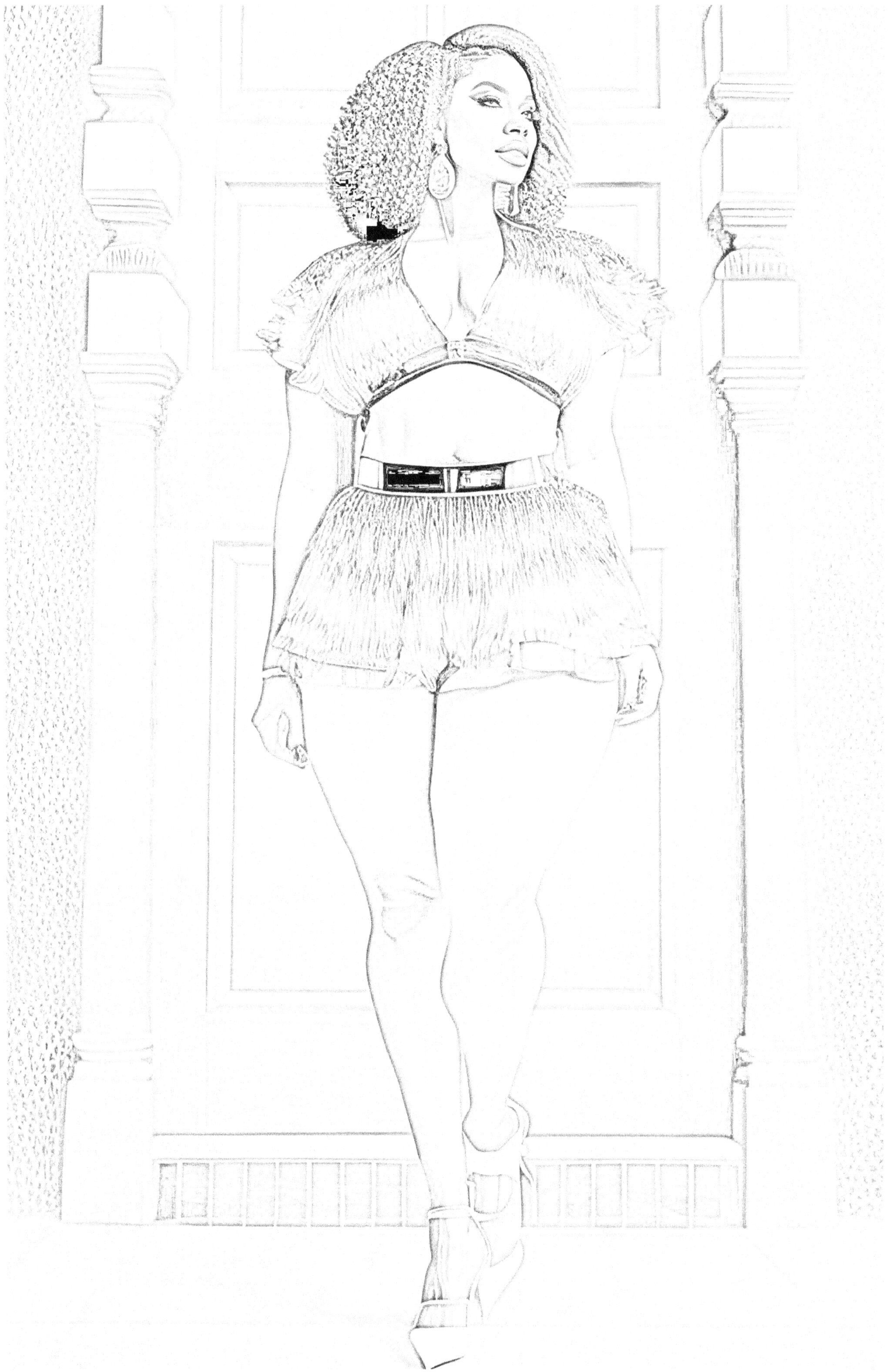

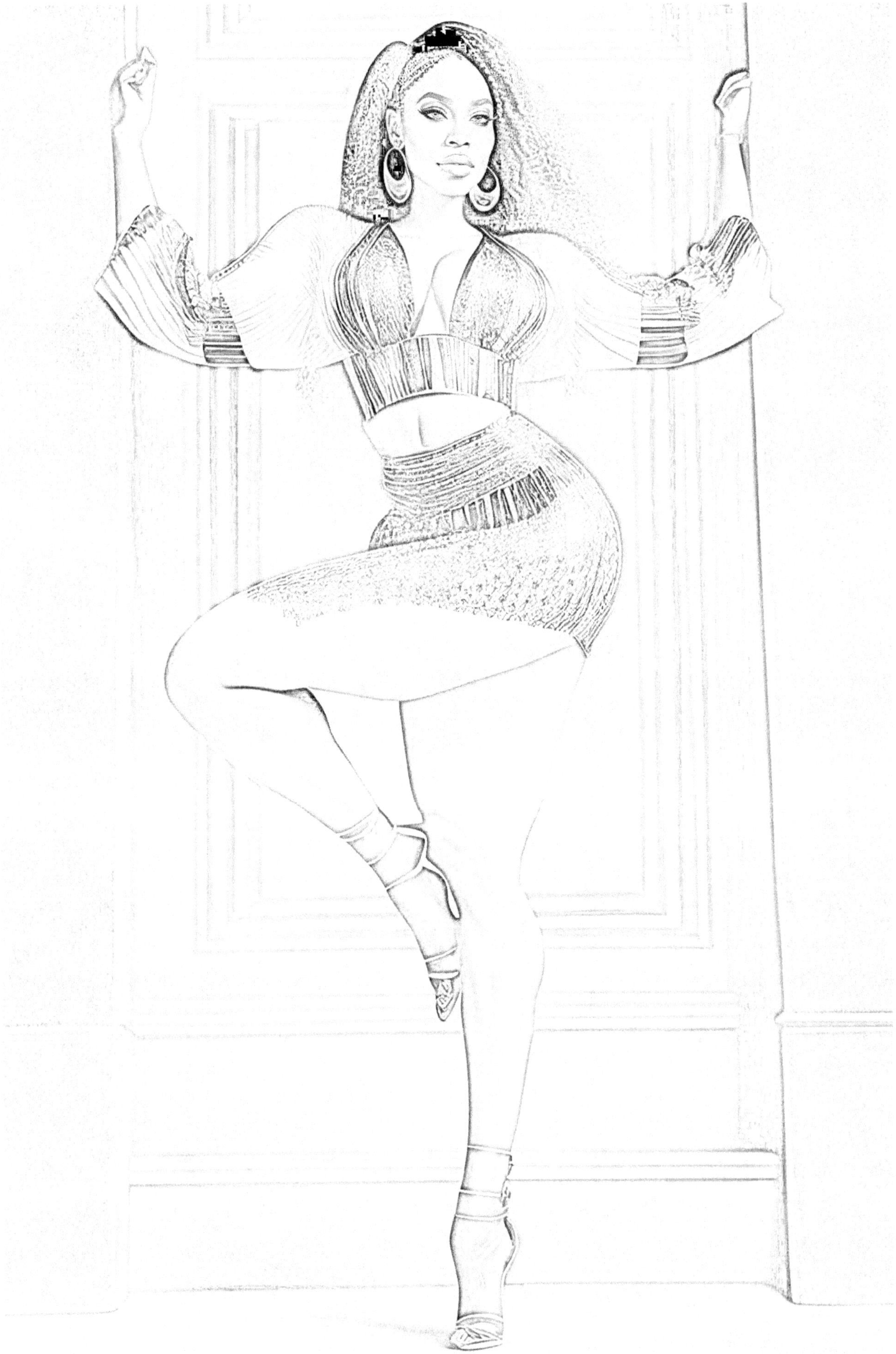

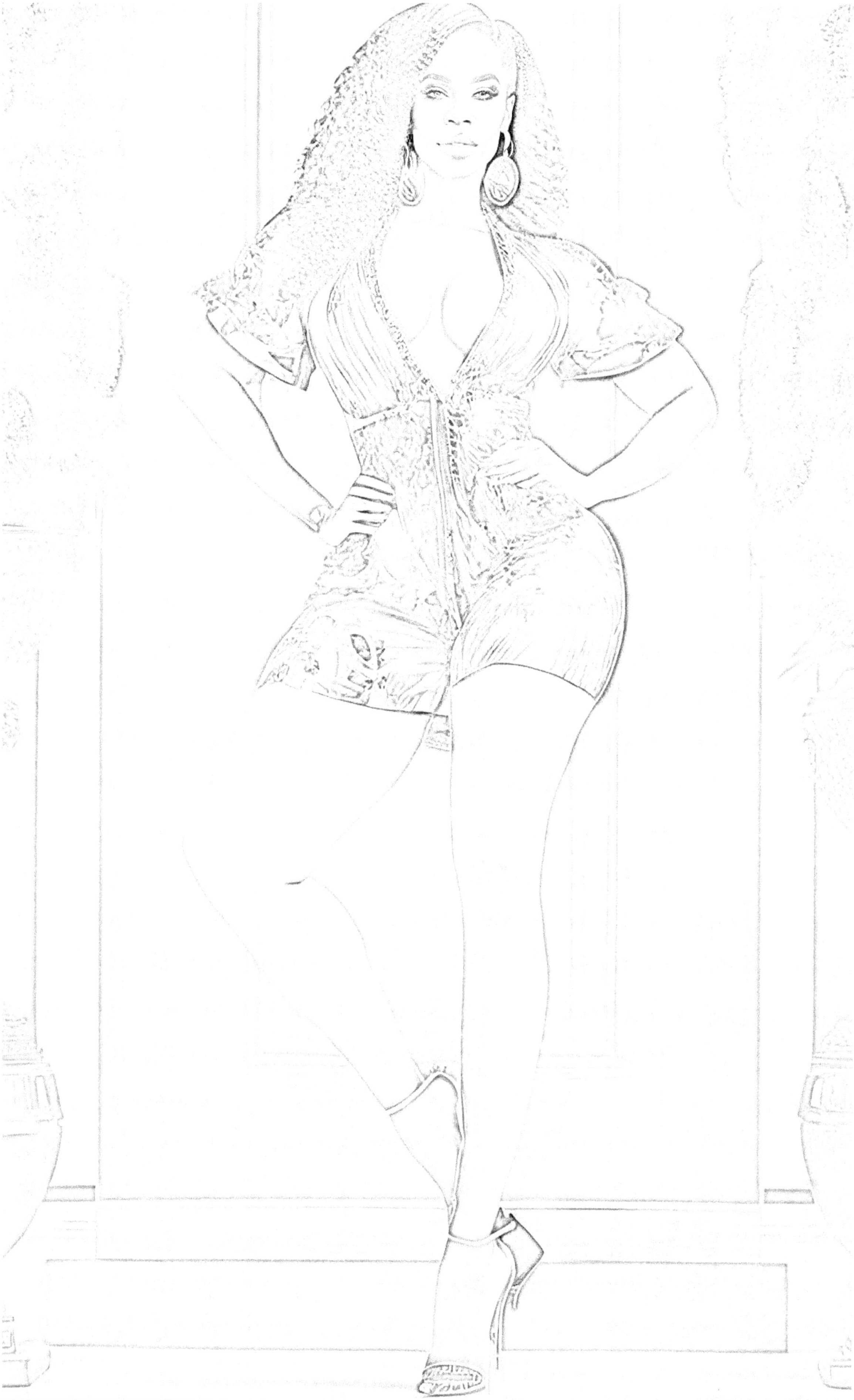

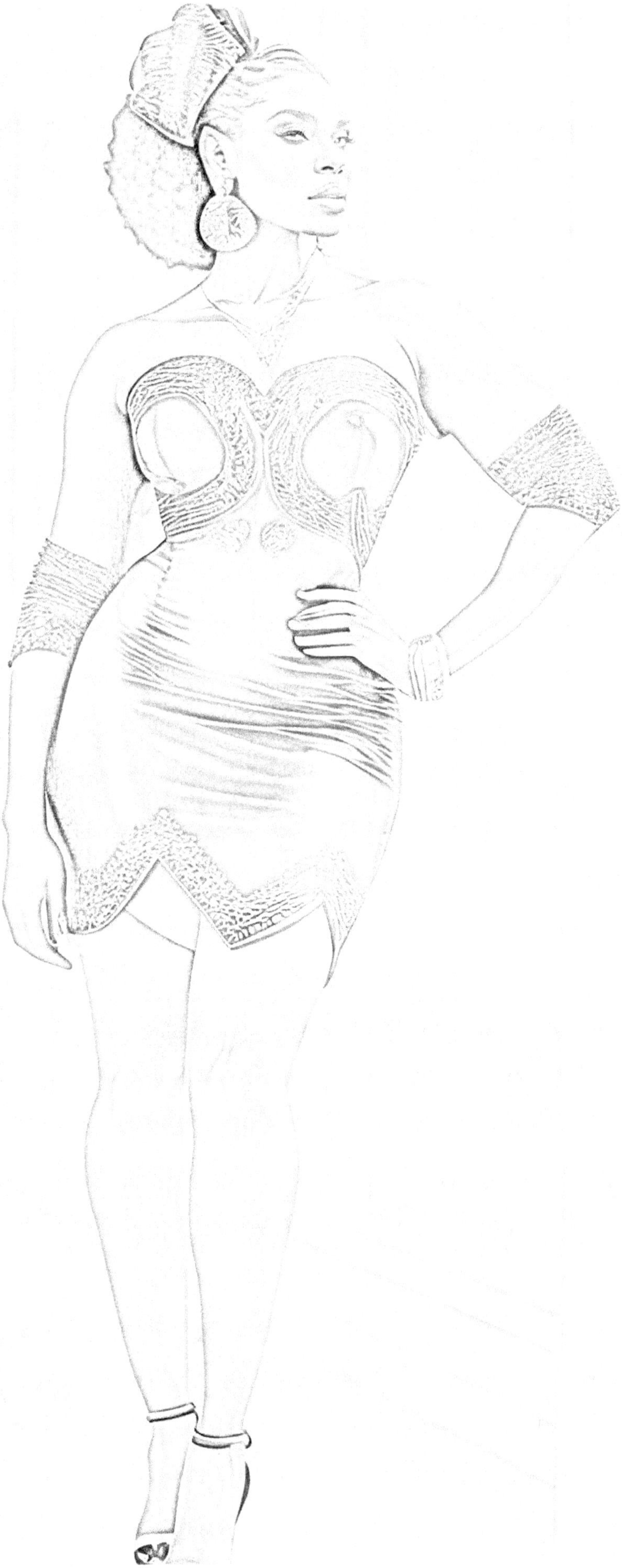

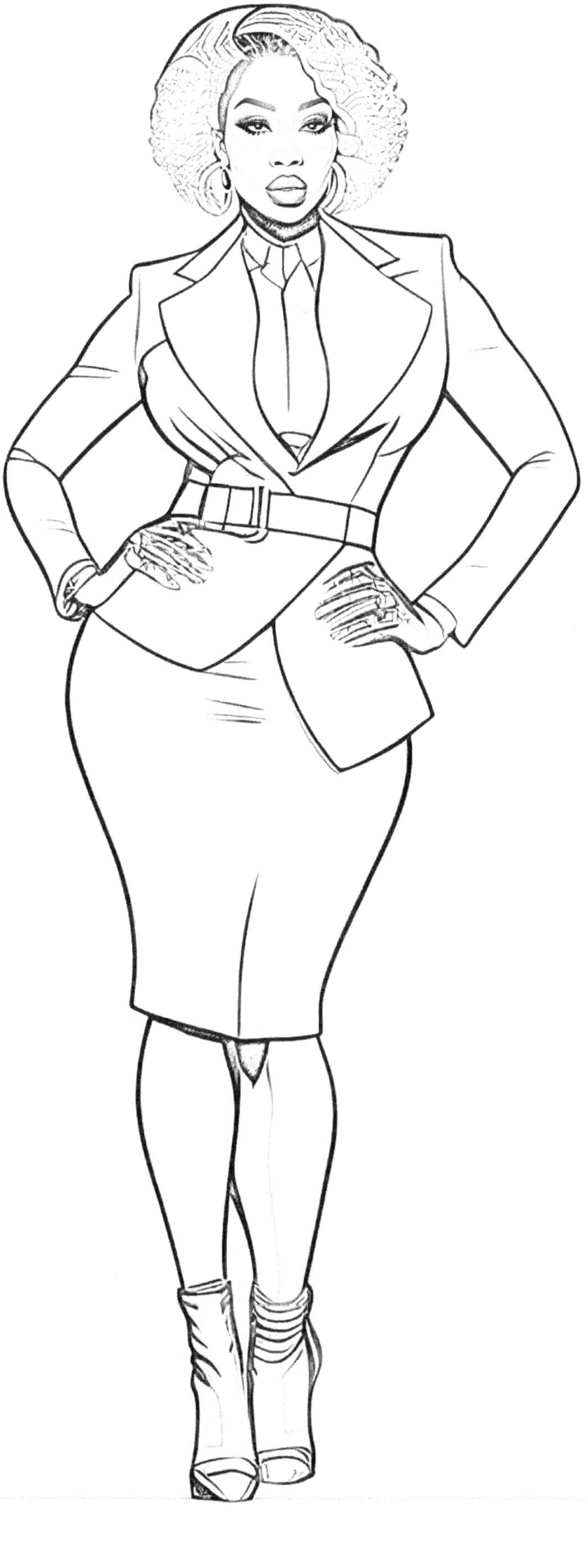

www.ingramcontent.com/pod-product-compliance
Lightning Source LLC
Chambersburg PA
CBHW080629220526
45467CB00011B/3435
* 9 7 9 8 3 8 6 9 5 4 2 6 0 *